汉语学习辅助教材（建议汉语水平达到HSK-4者学习

新概念
汉语情景会话

主编 张雷 王一

东北大学出版社

·沈 阳·

Ⓒ 张雷　王一　**2018**

图书在版编目（CIP）数据

新概念汉语情景会话 / 张雷，王一主编. — 沈阳：
东北大学出版社，2018.11
ISBN 978-7-5517-2027-4

Ⅰ．①新…　Ⅱ．①张…　②王…　Ⅲ．①汉语－口语－
对外汉语教学－教材　Ⅳ．①H195.4

中国版本图书馆 CIP 数据核字（2018）第 241813 号

出 版 者：东北大学出版社
　　　　　地址：沈阳市和平区文化路三号巷 11 号
　　　　　邮编：110819
　　　　　电话：024－83683655（总编室）　83687331（营销部）
　　　　　传真：024－83687332（总编室）　83680180（营销部）
　　　　　网址：http://www.neupress.com
　　　　　E-mail: neuph@neupress.com
印 刷 者：辽宁一诺广告印务有限公司
发 行 者：东北大学出版社
幅面尺寸：185mm×260mm
印　　张：4
字　　数：102 千字
出版时间：2018 年 11 月第 1 版
印刷时间：2018 年 11 月第 1 次印刷
策划编辑：石玉玲
责任编辑：曹　明
责任校对：张　媛
封面设计：潘正一

ISBN　978-7-5517-2027-4　　　　　　　　　　定　价：32.00 元

《新概念汉语情景会话》编委会

主编：张　雷　王　一

编者：杜　泽　宋锐辉　苏　美

俄文翻译：岚　芸　〔俄〕Фирсова Галина　王鹏飞

插画制作：崔云豪

配套视频制作：冯双星　孔垂鹏

配套视频剪辑：秦　森

目 录

欢迎来到中国

Глава 1. Добро пожаловать в Китай

一、课 文

（一）初次见面

赵清辉：安菲娅，你好。

安菲娅：赵清辉，你好。

柳诗涵：安菲娅，欢迎来到中国。

安菲娅：柳诗涵你好，感谢你们到机场接我。

赵清辉：你路途上顺利吗？

安菲娅：谢谢！旅途非常顺利。

柳诗涵：你是第一次来到沈阳吗？

安菲娅：是的，这是我第一次来到沈阳。

柳诗涵：沈阳是中国东北地区最大的城市，它有着很长的历史。

安菲娅：这真是一座美丽的城市。

赵清辉：我们作为沈阳人，对这座城市十分熟悉，接下来让我们带你游览这座城市。

安菲娅：感谢你们，我很期待接下来的旅行。

（二）乘坐共享汽车前往餐厅

赵清辉：安菲娅，午餐时间已经到了，你想去餐厅吃一些东西吗？

安菲娅：我也有点饿了，我们一起去餐厅吧。

柳诗涵：好的。

赵清辉：我们打车去餐厅怎么样？

柳诗涵：不，我们乘坐共享汽车去餐厅。

安菲娅：共享汽车听起来真酷！

赵清辉：是的，在中国乘坐共享汽车已经成为一种时尚。

安菲娅：这样真方便！

赵清辉：诗涵，我们什么时候能够出发？

柳诗涵：看，共享汽车已经到附近了。

安菲娅：那我们一起出发吧。

■ 二、拼音课文

（Yī）chūcì jiànmiàn

Zhào Qīnghuī：An Fēiyà，nǐhǎo。

An Fēiyà：Zhào Qīnghuī，nǐhǎo。

Liǔ Shīhán：An Fēiyà，huānyíng láidào Zhōngguó。

An Fēiyà：Liǔ Shīhán nǐhǎo，gǎnxiè nǐmen dào jīchǎng jiē wǒ。

Zhào Qīnghuī：Nǐ lùtú shàng shùnlì ma?

An Fēiyà：Xièxiè！lǚtú fēicháng shùnlì。

Liǔ Shīhán：Nǐshì dìyīcì láidào Shěnyáng ma?

An Fēiyà：Shìde，zhèshì wǒ dìyīcì láidào Shěnyáng。

Liǔ Shīhán：Shěnyáng shì Zhōngguó dōngběi dìqū zuìdà de chéngshì，tā yǒu zhe hěncháng de lìshǐ。

An Fēiyà：Zhè zhēn shì yīzuò měilì de chéngshì。

Zhào Qīnghuī：Wǒmen zuòwéi Shěnyángrén，duì zhèzuò chéngshì shífēn shúxi，jiēxiàlái ràng wǒmen dài nǐ yóulǎn zhèzuò chéngshì。

An Fēiyà：Gǎnxiè nǐmen，wǒ hěn qīdài jiēxiàlái de lǚxíng。

(Èr) chéngzuò gòngxiǎng qìchē qiánwǎng cāntīng

Zhào Qīnghuī：An Fēiyà，wǔcān shíjiān yǐjīng dào le，nǐ xiǎng qù cāntīng chī yīxiē dōngxī ma?

An Fēiyà：Wǒ yě yǒu diǎn è le，wǒmen yīqǐ qù cāntīng ba。

Liǔ Shīhán：Hǎode。

Zhào Qīnghuī：Wǒmen dǎchē qù cāntīng zěnmeyàng?

Liǔ Shīhán：Bù，wǒmen chéngzuò gòngxiǎng qìchē qù cāntīng。

An Fēiyà：Gòngxiǎng qìchē tīng qǐlái zhēn kù!

Zhào Qīnghuī：Shìde，zài Zhōngguó chéngzuò gòngxiǎng qìchē yǐjīng chéngwéi yīzhǒng shíshàng。

An Fēiyà：Zhèyàng zhēn fāngbiàn！

Zhào Qīnghuī：Shīhán，wǒmen shénme shíhòu nénggòu chūfā？

Liǔ Shīhán：Kàn，gòngxiǎng qìchē yǐjīng dào fùjìn le。

An Fēiyà：Nà wǒmen yīqǐ chūfā ba。

三、重点词汇

欢迎——приветствовать

来——прибывать，приезжать

机场——аэропорт

非常——очень，чрезвычайно

城市——город

美丽——красота

旅行——путешествие

已经——уже

饿——голодный

乘坐——ехать（на каком－либо виде транспорта）

共享汽车——аренда автомобиля，каршеринг

方便——удобный

能——мочь，иметь возможность

附近——поблизости

出发——отправляться

四、思考与交流

题目 1. 用一句话描述你熟悉的城市。

题目 2. 你知道如何乘坐共享汽车吗？

五、知识拓展

共享经济下的新产物——共享汽车

Новые продукты экономики совместного потребления – каршеринг

共享汽车改变了传统的打车方式，是建立在移动互联网基础上的一种现代化出行方式。较传统的路边打车而言，共享汽车的出现更是改变了传统打车市场的格局，颠覆了路边拦车的概念，利用移动互联网的特点，将线上与线下相融合，从打车初始阶段利用网络叫车到下车在线上支付车费，画出一个乘客与司机紧密相连的 O2O 完美闭环，最大限度地优化了乘客打车体验，改变了传统的出租司机等客方式，让司机根据乘客目的地按照意愿"接单"，节约司机与乘客沟通成本，降低空驶率，最大化节省司机、乘客双方资源与时间。目前，共享汽车在中国得到迅速发展，与城镇居民的生活密不可分。

Каршеринг – появившийся на основе мобильного интернета способ передвижения, изменивший традиционное представление о вызове такси – « голосовать » стоя у обочины. Каршеринг полностью изменил модель рынка такси. Использование мобильного интернета позволило оплачивать поездку онлайн, рисовать идеальный цикл O2O, связывающий водителя и пассажира, максимально оптимизировать процесс вызова такси, изменить традиционный способ ожидания пассажира, позволить водителю добровольно выбирать заказы согласно с пунктами назначения, который указывают пассажиры, сократить расходы на связь между водителем и пассажиром, снизить расходы на холостой прогон, максимально экономить время и ресурсы как пассажира, так и водителя. В настоящее время каршеринг активно развивается в Китае и уже стал неотъемлемой частью жизни жителей как больших, так и маленьких городов.

品尝中国美食

Глава 2. Пробуем китайские блюда

■ 一、课 文

（一）三人来到了一家中式餐厅

服务员：欢迎光临！请问几位就餐？

赵清辉：一共三位。

服务员：请随我到 6 号桌就坐。

柳诗涵：安菲娅，我们一起去 6 号桌吧。

安菲娅：请问菜单在哪里？

服务员：抱歉，我们这里没有纸质菜单。请您用手机扫描桌角的二维码，这样就可以使用手机点餐了。

安菲娅：这是真的吗？在这之前，我从来没有见过这样的点餐方式，今天我一定要尝试一下。

柳诗涵：让我来教你如何使用手机点餐吧。

（二）安菲娅第一次品尝到了美味的中国饺子

安菲娅：这就是中国的饺子吗？它们很可爱，看起来像耳朵一样。

赵清辉：没错，这就是饺子。在中国，饺子象征着吉祥如意。

柳诗涵：我们都是趁热吃饺子的，安菲娅，你快尝一尝吧。

安菲娅：这真是太美味了！

赵清辉：我们今天吃的是酸菜猪肉馅儿的饺子。其实，饺子还有很多种不同的馅儿。

柳诗涵：我最喜欢吃的是蒜苗虾仁馅儿。除此之外，还有胡萝卜牛肉馅儿、韭菜鸡蛋馅儿等。

安菲娅：这真是太棒了！有机会我一定要都尝一尝！

（三）三人用餐后，赵清辉用手机买单

安菲娅：服务员您好，请问可以用卢布支付吗？我忘记兑换人民币了。

服务员：抱歉，我们只收人民币。当然您也可以选择手机支付方式。

赵清辉：中国有句谚语"有朋自远方来，不亦乐乎"。安菲娅，你是客人，这顿饭应该由我买单。

安菲娅：清辉、诗涵，我在你们身上感受到了中国人的热情好客。

服务员：先生您好，请问您是现金支付还是手机支付？

赵清辉：我选择使用手机支付。

服务员：请您出示手机的付款码。

安菲娅：中国的线上点餐和手机支付真是太方便了！

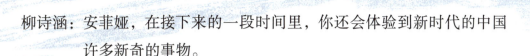

柳诗涵：安菲娅，在接下来的一段时间里，你还会体验到新时代的中国许多新奇的事物。

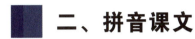 **二、拼音课文**

（Yī）sān rén láidào le yìjiā zhōngshì cāntīng

Fúwùyuán：Huānyíng guānglín! Qǐngwèn jǐwèi jiùcān?

Zhào Qīnghuī：Yígòng sānwèi。

Fúwùyuán：Qǐng suí wǒ dào liù hào zhuō jiùzuò。

Liǔ Shīhán：An Fēiyà, wǒmen yìqǐ qù liù hào zhuō ba。

An Fēiyà：Qǐngwèn càidān zài nǎlǐ?

Fúwùyuán：Bàoqiàn, wǒmen zhèlǐ méiyǒu zhǐzhì càidān。Qǐng nín yòng shǒujī sǎomiáo zhuōjiǎo de èrwéimǎ, zhèyàng jiù kěyǐ shǐyòng shǒujī diǎncān le。

An Fēiyà：Zhèshì zhēnde ma? Zài zhè zhīqián, wǒ cónglái méiyǒu jiànguò zhèyàng de diǎncān fāngshì, jīntiān wǒ yídìng yào chángshì yíxià。

Liǔ Shīhán：Ràng wǒ lái jiāo nǐ rúhé shǐyòng shǒujī diǎncān ba。

（Èr）An Fēiyà dìyīcì pǐncháng dào le měiwèi de Zhōngguó jiǎozi

An Fēiyà：Zhè jiùshì Zhōngguó de jiǎozǐ ma? Tāmen hěn kě'ài, kànqǐlái xiàng ěrduo yíyàng。

Zhào Qīnghuī：Méicuò, zhè jiùshì jiǎozǐ。Zài Zhōngguó, jiǎozǐ xiàngzhēng zhe jíxiáng rúyì。

Liǔ Shīhán：Wǒmen dōushì chènrè chī jiǎozi de, An Fēiyà, nǐ kuài chángyīcháng ba。

An Fēiyà：Zhè zhēn shì tài měiwèi le!

Zhào Qīnghuī：Wǒmen jīntiān chī de shì suāncài – zhūròu xiànr de jiǎozi。Qíshí, jiǎozi háiyǒu hěnduōzhǒng bùtóng de xiànr。

Liǔ Shīhán：Wǒ zuì xǐhuān chī de shì suànmiáo – xiārén xiànr。chúcǐzhīwài, háiyǒu húluóbo niúròu – xiànr、jiǔcài – jīdàn xiànr děng。

An Fēiyà：Zhè zhēnshì tàibàngle! Yǒu jīhuì wǒ yīdìng yào dōu chángyīcháng!

（Sān）sān rén yòngcān hòu，Zhào Qīnghuī yòng shǒujī mǎidān

An Fēiyà：Fúwùyuán nínhǎo，qǐngwèn kěyǐ yòng lúbù zhīfù ma? Wǒ wàngjì duìhuàn rénmínbì le。

Fúwùyuán：Bàoqiàn，wǒmen zhǐ shōu rénmínbì。Dāngrán nín yě kěyǐ xuǎnzé shǒujī zhīfù fāngshì。

Zhào Qīnghuī：Zhōngguó yǒu jù yàn yǔ "yǒupéngzìyuǎnfānglái，bùyìlèhū"。An Fēiyà，nǐ shì kèrén，zhè dùn fàn yīnggāi yóu wǒ mǎidān。

An Fēiyà：Qīnghuī、Shīhán，wǒ zài nǐmen shēnshàng gǎnshòu dàole Zhōngguórén de rèqínghàokè。

Fúwùyuán：Xiānshēng nínhǎo，qǐngwèn nín shì xiànjīn zhīfù háishì shǒujī zhīfù?

Zhào Qīnghuī：Wǒ xuǎnzé shǐyòng shǒujī zhīfù。

Fúwùyuán：Qǐng nín chūshì shǒujī de fùkuǎnmǎ。

An Fēiyà：Zhōngguó de xiànshàng diǎncān hé shǒujī zhīfù zhēnshì tài fāngbiàn le!

Liǔ Shīhán：An Fēiyà，zài jiēxiàlái de yīduàn shíjiān lǐ，nǐ hái huì tǐyàn dào xīnshídài de Zhōngguó xǔduō xīnqí de shìwù。

三、重点词汇

菜单——меню

抱歉——сожалеть，просить прощения

请——просить

手机——телефон

使用——использовать

教——учить

饺子——пельмени

可爱——милый

耳朵——ухо

太——очень

其实——на самом деле

喜欢——нравиться，любить

尝——пробовать

忘记——забывать

选择——выбирать

买——покупать

方便——удобный

许多——много，множество

四、思考与交流

题目1. 你知道中国的饺子是怎么做的吗？

题目2. 请简要描述手机支付的过程。

五、知识拓展

手机支付也称为移动支付，是指允许移动用户使用其移动终端（通常是指手机）对所消费的商品或服务进行账务支付的一种服务方式。对许多消费者来讲，手机支付使得支付资金携带更加方便，消费过程更加便捷简单，消除了支付障碍之后，可以更好地尝试许多新的消费模式，手机支付是支付方式发展的一种必然趋势。继银行卡支付、网络支付后，手机支付俨然成为人类社会的新宠儿。

随着O2O模式的发展，更多的生活场景将被纳入手机支付范畴，促进消费者支付行为习惯的改变。中国正在以迅猛之势率先进入便民移动支付时代。

Мобильный платеж или оплата с мобильного телефона – это услуга, позволяющая оплачивать товары и услуги с мобильных терминалов（обычно – с мобильных телефонов）. Мобильные платежи упрощают процесс оплаты товаров и услуг и делают его более удобным для

потребителей. После устранения платежных барьеров стало возможным использование новых способов оплаты, таким образом, мобильные платежи стали новым этапом развития платежных систем. Оплата с мобильного телефона стала самым предпочитаемым способом оплаты после оплаты по карте и через Интернет.

С развитием системы O2O выполнение многих повседневных задач стало возможно через мобильный телефон, что привело к изменению привычек и поведения потребителей. В настоящий момент Китай уже вступил в эпоху мобильного платежа и удерживает лидирующие позиции в этой области.

我的大学

Глава 3. Мой университет

一、课　文

（一）谈论校园景色

安菲娅：诗涵，这座校园看起来非常大，你一般怎样从宿舍去教室呢？

柳诗涵：大学校园里有很多共享单车，我经常骑着它去上课。

安菲娅：这样可以节约很多时间。

柳诗涵：安菲娅，同学们为你举办了欢迎会，我们一起过去吧。

安菲娅：好的，那我们就一起骑共享单车过去吧。

柳诗涵：安菲娅，你看那几栋建筑物，它们是我们学校历史最悠久的建筑。

安菲娅：哇，这些建筑与我的国家的建筑风格很像，让我感到很亲切。

柳诗涵：以后有时间我带你好好地游览校园的风景。

（二）认识新同学

宋老师：同学们，请安静一下，这学期我们班迎来了一名新同学，她是来自白俄罗斯的安菲娅同学。安菲娅，请你向大家介绍一下自己吧。

安菲娅：大家好！我是来自白俄罗斯的安菲娅，很高兴认识你们。在接下来的一段时间里，请大家多多关照。

班　长：安菲娅，欢迎你加入我们这个大家庭，我们非常愿意为你提供学习与生活上的帮助。

安菲娅：谢谢大家，在这里我感受到了大家的热情。

赵清辉：一起拍个合影怎么样？

宋老师：那请大家在讲台上站好，我来为大家记录下这珍贵的一刻。

（三）回来的路上

苏　美：安菲娅，你才来中国，汉语就说得这么流利，我真佩服你呀！

安菲娅：谢谢，我在白俄罗斯的孔子学院学习过一年。但其实我的语法不太好，对很多句子理解得都不透彻，还请大家以后多多指教。

苏　美：安菲娅，你太谦虚了。我觉得你的语言表达已经很地道了，你是怎样学习的呢？

安菲娅：我在学习汉语的过程中，经常和我的老师交流。此外，我坚持浏览中文网页，这样我能学到许多新词汇。

赵清辉：对了，安菲娅，我觉得你可以在日常生活中坚持阅读中文报纸，慢慢地你就会发现，其实阅读中文类的报刊也不是很难。

柳诗涵：安菲娅，你可以把不会的字与词写在一个本子上，有空拿出来复习一下，这样也可以提高你的汉语水平。

安菲娅：你们的建议听起来很棒。我会按照你们说的去做。

二、拼音课文

(Yī) tánlùn xiàoyuán jǐngsè

An Fēiyà：Shīhán, zhèzuò xiàoyuán kànqǐlái fēicháng dà, nǐ yìbān zěnyàng cóng sùshè qù jiàoshì ne?

Liǔ Shīhán：Dàxué xiàoyuán lǐ yǒu hěnduō gòngxiǎngdānchē, wǒ jīngcháng qízhe tā qù shàngkè.

An Fēiyà：Zhèyàng kěyǐ jiéyuē hěnduō shíjiān.

Liǔ Shīhán：An Fēiyà, tóngxuémen wèi nǐ jǔbàn le huānyínghuì, wǒmen yìqǐ guòqù ba.

An Fēiyà：Hǎode, nà wǒmen jiù yìqǐ qí gòngxiǎngdānchē guòqù ba.

Liǔ Shīhán：An Fēiyà, nǐ kàn nà jǐdòng jiànzhùwù, tāmen shì wǒmen xuéxiào lìshǐ zuì yōujiǔ de jiànzhù.

An Fēiyà：Wa, zhèxiē jiànzhù yǔ wǒde guójiā de jiànzhù fēnggé hěn xiàng, ràng wǒ gǎndào hěn qīnqiè.

Liǔ Shīhán：Yǐhòu yǒu shíjiān wǒ dài nǐ hǎohǎode yóulǎn xiàoyuán de fēngjǐng.

(Èr) rènshi xīntóngxué

Sòng lǎoshī：Tóngxuémen, qǐng ānjìng yīxià, zhèxuéqī wǒmen bān yíngláile yìmíng xīntóngxué, tā shì láizì Báieluósī de An Fēiyà tóngxué. An

Fēiyà, qǐng nǐ xiàng dàjiā jièshào yīxià zìjǐ ba。

An Fēiyà：Dàjiā hǎo! Wǒ shì láizì Báieluósī de An Fēiyà, hěn gāoxìng rènshi nǐmen。Zài jiēxiàlái de yīduàn shíjiān lǐ, qǐng dàjiā duōduōguānzhào。

Bān zhǎng：An Fēiyà, huānyíng nǐ jiārù wǒmen zhègè dàjiātíng, wǒmen fēicháng yuànyì wèinǐ tígōng xuéxí yǔ shēnghuó shàng de bāngzhù。

An Fēiyà：Xièxiè dàjiā, zài zhèlǐ wǒ gǎnshòu dào le dàjiā de rèqíng。

Zhào Qīnghuī：Yīqǐ pāi gè héyǐng zěnmeyàng?

Sòng lǎoshī：Nà qǐng dàjiā zài jiǎngtái shàng zhàn hǎo, wǒ lái wèi dàjiā jìlù xià zhè zhēnguì de yīkè。

（Sān）huílái de lùshàng

Sū Měi：An Fēiyà, nǐ cái lái Zhōngguó, hànyǔ jiù shuō de zhème liúlì, wǒ zhēn pèifú nǐ ya!

An Fēiyà：Xièxiè, wǒ zài Báieluósī de kǒngzǐxuéyuàn xuéxí guò yīnián。Dàn qíshí wǒ de yǔfǎ bù tài hǎo, duì hěnduō jùzi lǐjiě de dōu bù tòuchè, hái qǐng dàjiā yǐhòu duōduōzhǐjiào。

Sū Měi：An Fēiyà, nǐ tài qiānxū le。Wǒ juéde nǐ de yǔyán biǎodá yǐjīng hěn dìdào le, nǐ shì zěnyàng xuéxí de ne?

An Fēiyà：Wǒ zài xuéxí hànyǔ de guòchéng zhōng, jīngcháng hé wǒ de lǎoshī jiāoliú。Cǐwài, wǒ jiānchí liúlǎn zhōngwén wǎngyè, zhèyàng wǒ néng xuédào xǔduō xīncíhuì。

Zhào Qīnghuī：Duìle, An Fēiyà, wǒ juéde nǐ kěyǐ zài rìcháng shēnghuó zhōng jiānchí yuèdú zhōngwén bàozhǐ, mànman de nǐ jiù huì fāxiàn, qíshí yuèdú zhōngwén lèi de bàokān yě bùshì hěnnán。

Liǔ Shīhán：An Fēiyà, nǐ kěyǐ bǎ bùhuì de zì yǔ cí xiě zài yīgè běnzi shàng, yǒukòng ná chūlái fùxí yīxià, zhèyàng yě kěyǐ tígāo nǐde hànyǔ shuǐpíng。

An Fēiyà：Nǐmen de jiànyì tīngqǐlái hěnbàng。Wǒ huì ànzhào nǐmen shuō de qù zuò。

■ 三、重点词汇

教室——аудитория，класс

共享单车——велопрокат，байкшеринг

节约——экономить

时间——время

举办——организовывать

以后——после，впоследствии

风景——пейзаж，вид

安静——спокойный，тихий

高兴——радостный

学习——учиться

生活——жизнь

帮助——помогать，помощь

汉语——китайский язык

流利——беглый

语法——грамматика

理解——понимать

经常——часто

坚持——настаивать，твердо придерживаться，　держаться

发现——обнаруживать，открывать

复习——повторять

提高——повышать（уровень）

按照——в соответствии с

■ 四、思考与交流

问题 1. 你是如何学习汉语的？

问题 2. 请你用汉语简要介绍自己。

五、知识拓展

出行的好帮手——共享单车

Ваш помощник в путешествии - байкшеринг

共享单车是中国"新四大发明"之一（另外三个分别是高铁、扫码支付和网购），是指企业在校园、地铁站点、公交站点、居民区、商业区、公共服务区等地方提供的单车共享服务，是一种分时租赁模式。

共享单车是新型、环保、共享经济的典型产物，依托当下先进的科学技术与高效的网络平台，实现扫码骑车。共享单车可以很好地减少城市交通带来的污染，最大化地提高公共道路利用率。由于共享单车符合低碳出行的理念，同时可以锻炼身体，所以共享单车越来越受到人们的重视与关注。

Байкшеринг – один из «новых четырех китайских изобретений» (остальные три – скоростные поезда, оплата сканированием кода и онлайн – шопинг). Это услуга по прокату велосипедов, которая предоставляется на предприятиях, в кампусах, станциях метро, автовокзалах, жилых районах, торговых зонах, зонах общественного обслуживания и т. д.

Байкшеринг – это типичный продукт новой, экологически чистой экономики совместного потребления. Передовые технологии и эффективные сетевые платформы позволяют арендовать велосипед просто просканировав код. Байкшеринг может значительно снизить уровень загрязнения среды выхлопными газами и максимизировать использование дорог общего пользования. Поскольку велосипед не только соответствует концепции транспортного средства с низким уровнем выбросов, но и является отличной возможностью для выполнения физических упражнений, байкшеринг становится все более популярным.

沈阳故宫一日游

Глава 4. Однодневная поездка в Мукденский дворец

一、课 文

（一）讨论去哪玩

安菲娅：今天真是美好的一天！

柳诗涵：今天没有课，不如我们一起出去玩吧。

赵清辉：好呀，我从小就在沈阳长大，是一个名副其实的"沈阳通"呢。我可以给你们当向导。

安菲娅：那真是太好啦！

柳诗涵：那我们今天去哪儿呢？清辉，你给我们推荐一些好玩的地方吧。

赵清辉：沈阳故宫、张氏帅府、北陵公园等都是沈阳著名的景点，你们想去哪一个地方呢？

安菲娅：沈阳故宫听起来不错。你认为怎么样，诗涵？

柳诗涵：好主意，那我们就去沈阳故宫吧。

（二）沈阳故宫见闻

赵清辉：这里就是沈阳故宫了，是中国仅存的两大宫殿建筑群之一。安菲娅，你知道另一个吗？

安菲娅：我知道，另一个应该是北京故宫，对吗？

柳诗涵：没错，它们都是中国悠久历史文化的见证。

安菲娅：我已经迫不及待了，让我们快点进去吧。

赵清辉：我给你们当导游，介绍一下沈阳故宫的藏品与历史。

安菲娅：哇，快看！这里有十座一模一样的建筑，真是不可思议。

柳诗涵：这就是著名的"十王亭"。

赵清辉："十王亭"是清朝入关前，宗室贵族在皇宫内办公的地方。

安菲娅：原来如此，它们给人一种威严的感觉。看那里，那是皇帝办公的地方吗？

赵清辉：是的，安菲娅。那是"大政殿"，是皇帝举行重大典礼及重要政治活动的场所。

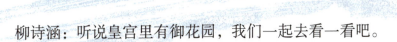

柳诗涵：听说皇宫里有御花园，我们一起去看一看吧。

（三）购买纪念品

柳诗涵：安菲娅，你觉得沈阳故宫好玩吗？

安菲娅：真是太有趣了，在沈阳故宫，我感受到中华文化的魅力。这里有卖纪念品的地方吗？我想给我的家人带一些礼物回去。

赵清辉：在出口的地方有许多商店卖具有特色的纪念品，你们跟我来。

安菲娅：这些玩偶真是太精致了！

赵清辉：是的，它们都是根据清朝人物的服饰特点制作的玩偶。

柳诗涵：你可以买几个带给自己的家人，他们一定会喜欢的。

安菲娅：我很喜欢这些玩偶，相信我的家人也会喜欢。

 二、拼音课文

（Yī）tǎolùn qù nǎ wán

An Fēiyà：Jīntiān zhēn shì měihǎo de yītiān！

Liǔ Shīhán：Jīntiān méiyǒu kè，bùrú wǒmen yīqǐ chūqù wán ba。

Zhào Qīnghuī：Hǎoya，wǒ cóngxiǎo jiù zài Shěnyáng zhǎngdà，shì yīgè míngfùqíshí de "Shěnyáng tōng" ne。wǒ kěyǐ gěi nǐmen dāng xiàngdǎo。

An Fēiyà：Nà zhēn shì tài hǎo la！

Liǔ Shīhán：Nà wǒmen jīntiān qù nǎr ne？Qīnghuī，nǐ gěi wǒmen tuījiàn yīxiē hǎowán de dìfāng ba。

Zhào Qīnghuī：Shěnyánggùgōng、Zhāngshìshuàifǔ、Běilínggōngyuán děng dōushì Shěnyáng zhùmíng de jǐngdiǎn，nǐmen xiǎng qù nǎ yīgè dìfāng ne？

An Fēiyà：Shěnyánggùgōng tīngqǐlái bùcuò。nǐ rènwéi zěnmeyàng，Shīhán？

Liǔ Shīhán：Hǎozhǔyì，nà wǒmen jiù qù Shěnyánggùgōng ba。

（Èr）Shěnyánggùgōng jiànwén

Zhào Qīnghuī：Zhèlǐ jiùshì Shěnyánggùgōng le，shì Zhōngguó jǐn cún de liǎng dà

gōngdiàn jiànzhùqún zhīyī。An Fēiyà, nǐ zhīdào lìngyīgè ma?

An Fēiyà：Wǒ zhīdào, lìngyīgè yīnggāi shì Běijīnggùgōng, duì ma?

Liǔ Shīhán：Méicuò, tāmen dōushì Zhōngguó yōujiǔ lìshǐ wénhuà de jiànzhèng。

An Fēiyà：Wǒ yǐjīng pòbùjídài le, ràng wǒmen kuàidiǎn jìnqù ba。

Zhào Qīnghuī：Wǒ gěi nǐmen dāng dǎoyóu, jièshào yīxià Shěnyánggùgōng de cángpǐn yǔ lìshǐ。

An Fēiyà：Wa, kuàikàn! Zhèlǐ yǒu shízuò yīmúyīyàng de jiànzhù, zhēn shì bùkěsīyì。

Liǔ Shīhán：Zhè jiùshì zhùmíng de "shíwángtíng"。

Zhào Qīnghuī："Shíwángtíng" shì qīngcháo rùguān qián, zōngshìguìzú zài huáng gōng nèi bàngōng de dìfāng。

An Fēiyà：Yuánláirúcǐ, tāmen gěi rén yīzhǒng wēiyán de gǎnjué。Kànnàlǐ, nàshì huángdì bàngōng de dìfāng ma?

Zhào Qīnghuī：Shìde, An Fēiyà。Nàshì "dàzhèngdiàn", shì huángdì jǔxíng zhòngdà diǎnlǐ jí zhòngyào zhèngzhì huódòng de chǎngsuǒ。

Liǔ Shīhán：Tīngshuō huánggōng lǐ yǒu yùhuāyuán, wǒmen yīqǐ qù kànyīkàn ba。

（Sān）gòumǎi jìniànpǐn

Liǔ Shīhán：An Fēiyà, nǐ juéde Shěnyánggùgōng hǎowán ma?

An Fēiyà：Zhēn shì tài yǒuqù le, zài Shěnyánggùgōng, wǒ gǎnshòudào zhōnghuáwénhuà de mèilì。Zhèlǐ yǒu mài jìniànpǐn de dìfāng ma? Wǒ xiǎng gěi wǒ de jiārén dài yīxiē lǐwù huíqù。

Zhào Qīnghuī：Zài chūkǒu de dìfāng yǒu xǔduō shāngdiàn mài jùyǒu tèsè de jìniànpǐn, nǐmen gēnwǒlái。

An Fēiyà：Zhèxiē wánǒu zhēnshì tài jīngzhì le!

Zhào Qīnghuī：Shìde, tāmen dōushì gēnjù qīngcháo rénwù de fúshì tèdiǎn zhìzuò de wánǒu。

Liǔ Shīhán：Nǐ kěyǐ mǎi jǐgè dàigěi zìjǐ de jiārén, tāmen yīdìng huì xǐhuān de。

An Fēiyà：Wǒ hěn xǐhuān zhèxiē wánǒu, xiāngxìn wǒ de jiārén yěhuì xǐhuān。

三、重点词汇

玩——играть，развлекаться

著名——известный

认为怎么样——иметь какое мнение о…

应该——обязательно，должно быть

快点——быстро

介绍——представлять

地方——место

有趣——интересный

卖——продавать

礼物——сувениры，подарки

商店——магазин

特点——особенность

四、思考与交流

问题1. 请描述一个令你印象深刻的景点。

问题2. 你给家人带过什么旅游纪念品?

五、知识拓展

中国历史的见证——沈阳故宫

Свидетельства китайской истории—Мукденский дворец

　　沈阳故宫位于辽宁省沈阳市，是中国仅存的两大宫殿建筑群之一，又称盛京皇宫，为清朝初期的皇宫，距今已有近400年历史，始建于后金天命十年（1625）。

　　沈阳故宫占地面积6万多平方米，有古建筑114座500多间，至今保存

完好，是一处包含着丰富历史文化内涵的古代遗址。在宫廷遗址上建立的沈阳故宫博物院是著名的古代宫廷艺术博物馆，藏品中包含十分丰富的宫廷艺术品。

1961年，国务院将沈阳故宫确定为中国第一批全国重点文物保护单位；2004年7月1日，在中国苏州召开的第28届世界遗产委员会会议上，批准沈阳故宫作为明清皇宫文化遗产扩展项目被列入《世界遗产名录》。

Мукденский дворец находится в городе Шэньян провинции Ляонин. Это один из двух сохранившихся дворцовых комплексов в Китае с почти четырёхсотлетней историей, строительство которого началось в 1625 году императором династии Поздняя Цзинь. Мукденский дворец, также известный как Дворец Шэнцзин, был императорским дворцом династии Ранняя Цин.

Площадь Мукденского дворца – более 60 000 квадратных метров, комплекс состоит из 114 древних построек с более чем 500 помещениями. Этот хорошо сохранившийся дворцовый комплекс – место с богатым историческим и культурным фондом. На территории Мукденского дворца располагается знаменитый музей древнего дворцового искусства, в котором представлена богатейшая коллекция экспонатов.

В 1961 году Государственный совет КНР включил Мукденский дворец в список охраняемых объектов культурного наследия первого уровня. Первого июля 2004 года на 28 – м заседании Комитета всемирного наследия в городе Сучжоу Мукденский дворец был включен в список всемирного наследия ЮНЕСКО как объект распространения культурного наследия императорских династий Мин и Цин.

欢度中秋

Глава 5. Отмечаем праздник середины осени

一、课 文

（一）今天是中秋节

柳诗涵：安菲娅，你知道今天是什么节日吗？

安菲娅：这真是问住我了。

柳诗涵：我给你一个小提醒，今天我们应该吃月饼。

安菲娅：我知道了，是端午节。对吗？

柳诗涵：端午节是农历五月初五，今天是中国农历八月十五——中秋节。

安菲娅：原来如此。中秋节吃月饼，端午节吃粽子。

柳诗涵：没错。

（二）赵清辉、柳诗涵和安菲娅来到中街

赵清辉：今天的中街充满了节日的气息。

安菲娅：中秋节真是太热闹了，我还从来没有见过这么多人呢。

柳诗涵：安菲娅，你了解中秋节的习俗吗？

安菲娅：了解一点。中秋节的这一天，月亮会很圆，它象征着团圆。一家人会坐在一起赏月、吃月饼。

赵清辉：你说得很对，安菲娅。不同的地方过中秋节会有不同的习俗，但不变的是大家对团圆的美好向往。

柳诗涵：看，那边有猜灯谜的游戏。安菲娅，你想去尝试一下吗？

安菲娅：那我们一起过去看看吧。

（三）赵清辉、柳诗涵和安菲娅在中街欢度中秋

安菲娅："平日不思，中秋想你，有方有圆，甜甜蜜蜜。"打一食品名。这是月饼吗？

柳诗涵：你真厉害，安菲娅。谜底就是月饼。

赵清辉：我来考考你，安菲娅。中秋菊盛开，猜一个成语。

安菲娅：成语真是太难了，我还没有学习过中国的成语。

柳诗涵：我知道，这个谜底是：花好月圆。

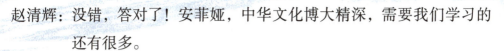

赵清辉：没错，答对了！安菲娅，中华文化博大精深，需要我们学习的
　　　　还有很多。

柳诗涵：中华文化拥有五千多年的悠久历史，安菲娅，以后我们可以一
　　　　起学习中华文化。

安菲娅：这样真是太棒了。

■ 二、拼音课文

（Yī）jīntiān shì zhōngqiūjié

Liǔ Shīhán：An Fēiyà, nǐ zhīdào jīntiān shì shénme jiérì ma?

An Fēiyà：Zhè zhēn shì wèn zhù wǒ le。

Liǔ Shīhán：Wǒ gěi nǐ yīgè xiǎo tíxǐng, jīntiān wǒmen yīnggāi chī yuèbǐng。

An Fēiyà：Wǒ zhīdào le, shì duānwǔjié。duì ma?

Liǔ Shīhán：Duānwǔjié shì nónglì wǔyuèchūwǔ, jīntiān shì Zhōngguó nónglì
　　　　　　bāyuèshíwǔ——zhōngqiūjié。

An Fēiyà：Yuánláirúcǐ, zhōngqiūjié chī yuèbǐng, duānwǔjié chī zòngzi。

Liǔ Shīhán：Méicuò。

（Èr）Zhào Qīnghuī 、Liǔ Shīhán hé An Fēiyà láidào Zhōngjiē

Zhào Qīnghuī：Jīntiān de Zhōngjiē chōngmǎn le jiérì de qìxī。

An Fēiyà：Zhōngqiūjié zhēnshì tài rènào le, wǒ hái cónglái méiyǒu jiànguò
　　　　　zhème duō rén ne。

Liǔ Shīhán：An Fēiyà, nǐ liǎojiě zhōngqiūjié de xísú ma?

An Fēiyà：Liǎojiě yīdiǎn。zhōngqiūjié de zhè yītiān, yuèliàng huì hěn yuán,
　　　　　tā xiàngzhēng zhe tuányuán。Yījiārén huì zuò zài yīqǐ shǎngyuè、
　　　　　chī yuèbǐng。

Zhào Qīnghuī：Nǐ shuō de hěn duì, An Fēiyà。Bùtóng de dìfāng guò zhōngqiūjié
　　　　　　huì yǒu bùtóng de xísú, dàn bùbiàn de shì dàjiā duì tuányuán de
　　　　　　měihǎo xiàngwǎng。

Liǔ Shīhán：Kàn, nàbiān yǒu cāidēngmí de yóuxì。An Fēiyà, nǐ xiǎng qù

chángshì yīxià ma?

An Fēiyà：Nà wǒmen yīqǐ guòqù kànkàn ba。

（Sān）Zhào Qīnghuī 、Liǔ Shīhán hé An Fēiyà zài Zhōngjiē huāndù zhōngqiū

An Fēiyà："Píngrìbùsī, zhōngqiūxiǎngnǐ, yǒufāngyǒuyuán, tiántiánmìmì。" Dǎ yī shípǐn míng。Zhèshì yuèbǐng ma?

Liǔ Shīhán：Nǐ zhēn lìhai, An Fēiyà。mídǐ jiùshì yuèbǐng。

Zhào Qīnghuī：Wǒ lái kǎokǎo nǐ, An Fēiyà。Zhōngqiū jú shèngkāi, cāi yīgè chéngyǔ。

An Fēiyà：Chéngyǔ zhēnshì tài nán le, wǒ hái méiyǒu xuéxí guò Zhōngguó de chéngyǔ。

Liǔ Shīhán：Wǒ zhīdào, zhègè mídǐ shì：huāhǎoyuèyuán。

Zhào Qīnghuī：Méicuò, dá duì le! An Fēiyà, zhōnghuá wénhuà bódàjīngshēn, xūyào wǒmen xuéxí de háiyǒu hěnduō。

Liǔ Shīhán：Zhōnghuáwénhuà yōngyǒu wǔ qiān duō nián de yōujiǔ lìshǐ，An Fēiyà, yǐhòu wǒmen kěyǐ yīqǐ xuéxí zhōnghuáwénhuà 。

An Fēiyà：Zhèyàng zhēnshì tài bàng le。

三、重点词汇

今天——сегодня

节日——праздник

吃——есть

知道——знать

来到——приходить

了解——понимать

坐——сидеть

猜——угадывать

一——один

需要——необходимо

四、思考与交流

问题1. 请谈谈你所了解的中秋节习俗。

问题2. 你知道中国还有哪些传统节日吗?

五、知识拓展

中国传统节日的代表——中秋节

Китайские традиционные праздники—праздник середины осени

中秋节,又称月夕、秋节、仲秋节、八月节、八月会、追月节、玩月节、拜月节或团圆节,是流行于中国众多民族与汉字文化圈诸国的传统文化节日,时在农历八月十五;因其恰值三秋之半,故名。也有些地方将中秋节定在农历八月十六。

中秋节始于唐朝初年,盛行于宋朝,至明清时,已成为与春节齐名的中国传统节日之一。受中华文化的影响,中秋节也是东亚和东南亚一些国家(尤其是当地的华人华侨)的传统节日。2006年5月20日,国务院将其列入《首批国家级非物质文化遗产名录》。自2008年起,中秋节被列为国家法定节假日。

中秋节自古便有祭月、赏月、拜月、吃月饼、赏桂花、饮桂花酒等习俗,流传至今,经久不息。中秋节以月之圆,象征人之团圆,寄托思念故乡、思念亲人之情,祈盼丰收、幸福,成为丰富多彩、弥足珍贵的文化遗产。中秋节与春节、清明节、端午节并称为中国四大传统节日。

Праздник середины осени, также известный как фестиваль луны, осенний фестиваль, фестиваль восьмого месяца, фестиваль чеканки, фестиваль луны, день дочери или фестиваль воссоединения популярен во многих этнических группах и китайских культурных кругах в Китае и проводится пятнадцатого числа восьмого месяца по лунному календарю (в некоторых районах – 16-го числа), в самой середине осени, откуда и

пошло его название.

Фестиваль середины осени зародился в династии ранняя Тан и активно проводился в династии Сун, это один из традиционных китайских фестивалей, по значимости сравнимый с праздником Весны – Китайским новым годом. Под влиянием китайской культуры Праздник середины осени также является традиционным праздником для некоторых жителей в восточной и юго – восточной Азии, особенно для живущих там китайцев. С 2008 года праздник середины осени был включен в список государственных праздников. 20 мая 2006 года Государственный совет КНР включил этот праздник в список национального нематериального культурного наследия первого уровня.

С древних времен в Фестиваль середины осени поклоняются луне, восхищаются ее видами, едят лунные пряники, наслаждаются османтусом, пьют османтусное вино и многое другое. Эти обычаи сохранились до настоящего времени. Круглая луна в праздник середины осени – это символ воссоединения людей, а сам праздник – время посетить родные места, вспомнить родных и близких, помолиться за урожай и счастье. Этот красочный праздник – ценное культурное наследие. Праздник середины осени, Фестиваль драконьих лодок и Фестиваль Цин Мин также известны как четыре главных традиционных праздника в Китае.

京剧与书法

Глава 6. Пекинская опера и каллиграфия

一、课　文

（一）柳诗涵在看京剧视频

安菲娅：诗涵，你在看什么？

柳诗涵：我在看京剧，这是中国的国粹。

安菲娅：原来如此。为什么他们穿的衣服与我们的不一样？

柳诗涵：是的，这叫戏服，是京剧演员的专用服饰。

安菲娅：他们脸上还有不同的颜色呢。

柳诗涵：京剧中人物角色分为生、旦、净、末、丑五类，他们脸上的颜色代表了所演角色的性格。

安菲娅：这真是一门有趣的艺术，我想多了解一些京剧的知识。诗涵，你可以告诉我吗？

柳诗涵：没问题，我们边看边聊。

（二）安菲娅报名参加传统文化选修课

柳诗涵：安菲娅，学校今年新开设了一门传统文化选修课，你报名了吗？

安菲娅：当然，我可是一名忠实的中华文化爱好者。

柳诗涵：我们快去教室吧，听说老师今天上课要讲的是京剧和书法。

安菲娅：自从上次和你一起观看了京剧视频后，我对京剧这种表演艺术非常感兴趣，相信这节课我一定能收获很多。

柳诗涵：安菲娅，你去过辽宁省博物馆吗？

安菲娅：没有啊。怎么了，诗涵？

柳诗涵：辽宁省博物馆里有许多关于京剧的展品，这周末我们可以一起去参观。

安菲娅：真的吗？那真是太棒了！

（三）安菲娅和柳诗涵来到博物馆

柳诗涵：安菲娅，你看，这就是京剧的脸谱。

安菲娅：还真的是有各种颜色呢，它们可真好看。

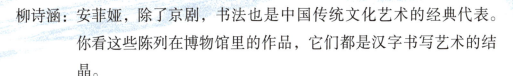

柳诗涵：安菲娅，除了京剧，书法也是中国传统文化艺术的经典代表。你看这些陈列在博物馆里的作品，它们都是汉字书写艺术的结晶。

安菲娅：透过这些精彩的作品，我仿佛可以感受到中国古人高尚的品格。

柳诗涵：这些流传下来的作品可谓中华文化百花园中的奇葩。

安菲娅：我想再看一看博物馆里的其他展品，更深入地了解中国的传统文化。

二、拼音课文

（Yī）Liǔ Shīhán zài kàn jīngjù shìpín

An Fēiyà：Shīhán，nǐ zài kàn shénme？

Liǔ Shīhán：Wǒ zài kàn jīngjù，zhèshì Zhōngguó de guócuì。

An Fēiyà：Yuánláirúcǐ。wèi shénme tāmen chuān de yīfu yǔ wǒmen de bù yī yàng？

Liǔ Shīhán：Shìde，zhè jiào xìfú，shì jīngjù yǎnyuán de zhuānyòng fúshì。

An Fēiyà：Tāmen liǎnshàng háiyǒu bùtóng de yánsè ne。

Liǔ Shīhán：Jīngjù zhōng rénwù juésè fēnwéi shēng、dàn、jìng、mò、chǒu wǔlèi，tāmen liǎnshàng de yánsè dàibiǎo le suǒ yǎn juésè de xìnggé。

An Fēiyà：Zhè zhēnshì yīmén yǒuqù de yìshù，wǒ xiǎng duō liǎojiě yīxiē jīngjù de zhīshi。Shīhán，nǐ kěyǐ gàosù wǒ ma？

Liǔ Shīhán：Méiwèntí，wǒmen biānkànbiānliáo。

（Èr）An Fēiyà bàomíng cānjiā chuántǒng wénhuà xuǎnxiūkè

Liǔ Shīhán：An Fēiyà，xuéxiào jīnnián xīn kāishè le yīmén chuántǒng wénhuà xuǎnxiūkè，nǐ bàomíng le ma？

An Fēiyà：Dāngrán，wǒ kěshì yīmíng zhōngshí de zhōnghuáwénhuà àihàozhě。

Liǔ Shīhán：Wǒmen kuàiqù jiàoshì ba，tīngshuō lǎoshī jīntiān shàngkè yào

jiǎng de shì jīngjù hé shūfǎ。

An Fēiyà：Zìcóng shàngcì hé nǐ yīqǐ guānkàn le jīngjù shìpín hòu，wǒ duì jīngjù zhèzhǒng biǎoyǎn yìshù fēicháng gǎnxìngqù，xiāngxìn zhèjiékè wǒ yīdìng néng shōuhuò hěnduō。

Liǔ Shīhán：An Fēiyà，nǐqùguò Liáoníngshěng bówùguǎn ma?

An Fēiyà：Méiyǒu a。zěnmele，Shīhán?

Liǔ Shīhán：Liáoníngshěng bówùguǎn lǐ yǒu xǔduō guānyú jīngjù de zhǎnpǐn，zhèzhōumò wǒmen kěyǐ yīqǐ qù cānguān。

An Fēiyà：Zhēn de ma? Nà zhēnshì tài bàng le!

（Sān）An Fēiyà hé Liǔ Shīhán láidào bówùguǎn

Liǔ Shīhán：An Fēiyà，nǐ kàn，zhè jiùshì jīngjù de liǎnpǔ。

An Fēiyà：Hái zhēn de shì yǒu gèzhǒng yánsè ne，tāmen kě zhēn hǎokàn。

Liǔ Shīhán：An Fēiyà，chúle jīngjù，shūfǎ yěshì Zhōngguó chuántǒng wénhuà yìshù de jīngdiǎn dàibiǎo。Nǐ kàn zhèxiē chénliè zài bówùguǎn lǐ de zuòpǐn，tāmen dōushì hànzì shūxiě yìshù de jiéjīng。

An Fēiyà：Tòuguò zhèxiē jīngcǎi de zuòpǐn，wǒ fǎngfú kěyǐ gǎnshòu dào Zhōngguó gǔrén gāoshàng de pǐngé。

Liǔ Shīhán：Zhèxiē liúchuán xiàlái de zuòpǐn kěwèi zhōnghuáwénhuà bǎihuāyuán zhōng de qípā。

An Fēiyà：Wǒ xiǎng zài kànyīkàn bówùguǎn lǐ de qítā zhǎnpǐn，gèng shēnrù de liǎojiě Zhōngguó de chuántǒng wénhuà。

■ 三、重点词汇

看——смотреть

京剧——пекинская опера

穿——носить，надевать

衣服——одежда

颜色——цвет

性格——характер

知识——знания

课——урок

兴趣——интерес

参观——посещать，осматривать

汉字——китайские иероглифы

这——здесь

可以——можно

想——хотеть，мечтать，скучать

四、思考与交流

问题 1.　请简要谈谈京剧和歌剧的不同之处。

问题 2.　你了解中国的书法吗？请简要谈谈你的认识。

五、知识拓展

中华优秀传统文化的瑰宝——京剧与书法
Сокровища китайской традиционной культуры － Пекинская опера и каллиграфия

　　京剧，曾称平剧，中国五大戏曲剧种之一，腔调以西皮、二黄为主，用胡琴和锣鼓等伴奏，场景布置注重写意。被视为中国的国粹，中国戏曲三鼎甲"榜首"。京剧走遍世界各地，成为介绍、传播中国传统艺术文化的重要媒介。分布地以北京为中心，遍及中国。2010 年 11 月 16 日，京剧被列入《人类非物质文化遗产代表作名录》。

　　书法，书法是中国及深受中国文化影响过的周边国家和地区特有的一种文字美的艺术表现形式。包括汉字书法、蒙古文书法、阿拉伯书法和英文书法等。其中，中国书法是中国汉字特有的一种传统艺术。

　　Пекинская опера － один из пяти видов китайской оперы, которая ставится на сцене, оформленной в традиционном стиле «живопись идей»,

и исполняется в основном на мелодии Сипи и Эрхуан под аккомпанемент китайской скрипки Хуцинь, гонгов, барабанов и других инструментов. Пекинская опера считается культурным наследием Китая и является номером один среди всех китайских опер. Представленная всему миру, она стала важным средством представления и распространения китайской традиционной художественной культуры. Этот вид оперы появился в Пекине, а позже её начали исполнять во всем Китае. 16 ноября 2010 года Пекинская опера была включена в «Список представителей нематериального культурного наследия человечества».

Каллиграфия – это особый способ художественного изображения китайских иероглифов и письменности соседних стран и регионов, попавших под влияние китайской культуры. Включает в себя китайскую, монгольскую, арабскую и английскую каллиграфию и т. д., среди них китайская каллиграфия – традиционное искусство, уникальное для китайских иероглифов.

第七章

网上购物

Глава 7. Интернет – покупки

一、课　文

（一）安菲娅正在寝室整理物品

安菲娅：诗涵，你知道附近哪里有超市吗？

柳诗涵：附近没有，百货商店都离学校有一定距离。怎么了，安菲娅，你要买什么东西吗？

安菲娅：是的，我想买一些生活用品。那我只好抽出半天时间去买了。

柳诗涵：那你为什么不尝试一下网上购物呢？只要在网上商城选好你喜欢的商品，直接下单结算就可以了。还可以看到其他买家的评价呢。

安菲娅：真的吗？这么方便和快捷。

柳诗涵：对啊，你赶快试一试吧。

（二）安菲娅正在等待快递

赵清辉：早啊，安菲娅。

安菲娅：早上好，清辉。

赵清辉：听诗涵说，你尝试了网上购物，感觉怎么样？

安菲娅：非常方便，美中不足的是，我无法知道商品到达的时间。

赵清辉：这个简单，只要开启快递追踪功能，就可以通过定位系统看到你的快递到哪里了。

安菲娅：让我试一试。快看，上面显示我的快递已经到沈阳了，今天就可以取了。

赵清辉：安菲娅，要是快递太重、你搬不动，记得联系我。

安菲娅：谢谢你，清辉。

（三）安菲娅正在打开快递

柳诗涵：安菲娅，这是你刚到的快递吗？

安菲娅：对啊，今天上午刚取回来的。

柳诗涵：安菲娅，你买了这么多东西！

安菲娅：网上购物的价格很实惠，不知不觉我就选了很多商品。

柳诗涵：网购真是让人着迷。

安菲娅：我还给我们班的同学每人买了一个小礼物，希望大家能喜欢。

柳诗涵：同学们一定会喜欢的。谢谢你，安菲娅！

二、拼音课文

(Yī) An Fēiyà zhèngzài qīnshì zhěnglǐ wùpǐn

An Fēiyà：Shīhán, nǐ zhīdào fùjìn nǎlǐ yǒu chāoshì ma?

Liǔ Shīhán：Fùjìn méiyǒu, bǎihuòshāngdiàn dōu lí xuéxiào yǒu yīdìng jùlí. Zěnmele, An Fēiyà, nǐ yào mǎi shénme dōngxī ma?

An Fēiyà：Shìde, wǒ xiǎng mǎi yīxiē shēnghuóyòngpǐn. Nà wǒ zhǐhǎo chōuchū bàntiān shíjiān qù mǎi le.

Liǔ Shīhán：Nà nǐ wèishénme bù chángshì yīxià wǎngshàng gòuwù ne? Zhǐyào zài wǎngshàng shāngchéng xuǎnhǎo nǐ xǐhuān de shāngpǐn, zhíjiē xiàdān jiésuàn jiù kěyǐ le. Hái kě yǐ kàndào qítā mǎijiā de píngjià ne.

An Fēiyà：Zhēnde ma? Zhème fāngbiàn hé kuàijié.

Liǔ Shīhán：Duìa, nǐ gǎnkuài shìyīshì ba.

(Èr) An Fēiyà zhèngzài děngdài kuàidì

Zhào Qīnghuī：Zǎoa, An Fēiyà.

An Fēiyà：Zǎoshànghǎo, Qīnghuī.

Zhào Qīnghuī：Tīng Shīhán shuō, nǐ chángshì le wǎngshàng gòuwù, gǎnjué zěnmeyàng?

An Fēiyà：Fēicháng fāngbiàn, měizhōngbùzú de shì, wǒ wúfǎ zhīdào shāngpǐn dàodá de shíjiān.

Zhào Qīnghuī：Zhègè jiǎndān, zhǐyào kāiqǐ kuàidì zhuīzōnggōngnéng, jiù kěyǐ tōngguò dìngwèi xìtǒng kàndào nǐde kuàidì dào nǎlǐ le.

An Fēiyà：Ràng wǒ shìyīshì. kuàikàn, shàngmiàn xiǎnshì wǒ de kuàidì yǐjīng

dào Shěnyáng le, jīntiān jiù kěyǐ qǔ le。

Zhào Qīnghuī：An Fēiyà, yào shì kuàidì tài zhòng、nǐ bān bù dòng, jìdé liánxì wǒ。

An Fēiyà：Xièxiè nǐ, Qīnghuī。

（Sān）An Fēiyà zhèngzài dǎkāi kuàidì

Liǔ Shīhán：An Fēiyà, zhèshì nǐ gāngdào de kuàidì ma?

An Fēiyà：Duìa, jīntiān shàngwǔ gāng qǔ huílái de。

Liǔ Shīhán：An Fēiyà, nǐ mǎi le zhèmeduō dōngxi！

An Fēiyà：Wǎngshàng gòuwù de jiàgé hěn shíhuì, bùzhībùjué wǒ jiù xuǎnle hěnduō shāngpǐn。

Liǔ Shīhán：Wǎnggòu zhēnshì ràng rén zháomí。

An Fēiyà：Wǒ hái gěi wǒmen bān de tóngxué měirén mǎi le yīgè xiǎolǐwù, xīwàng dàjiā néng xǐhuān。

Liǔ Shīhán：Tóngxuémen yīdìng huì xǐhuān de。xièxiè nǐ, An Fēiyà！

三、重点词汇

附近——поблизости

学校——школа

买——покупать

购物——покупки

其他——прочее

方便——удобный

早上——утро

感觉——ощущение，чувствовать

只要——всего лишь нужно

联系——связываться

希望——надеяться

喜欢——нравиться

一定——определенно，точно

会——мочь

四、思考与交流

问题 1. 你有过网上购物的经历吗？请谈谈你的感受。

问题 2. 网上购物与线下购物你更喜欢哪一种，为什么？

五、知识拓展

网上购物

Онлайн – шопинг

网上购物，就是通过互联网检索商品信息，并通过电子订购单发出购物请求，然后填上私人支付账号或信用卡的号码，厂商通过邮购的方式发货，或是通过快递公司送货上门。中国国内的网上购物，一般付款方式是款到发货（直接银行转账，在线汇款）和担保交易（即货到付款）等。

随着互联网的普及，网络购物的优点更加突出，日益成为一种重要的购物形式。网上购物突破了传统商务的障碍，对消费者、企业和市场都有着巨大的吸引力与影响力。对于商家来说，网上销售具有库存压力较小、经营成本低、经营规模不受场地限制等优势。对于消费者来说，网上购物可以在家"逛商店"，订货不受时间、地点的限制；同时，获得大量的商品信息，买到当地没有的商品。

Онлайн – шопинг – способ покупки товара путем получения информации о товаре через интернет, отправление электронной формы заказа, указания номера персональной учетной записи или номера банковской карты и получение товара по почте или через курьерскую службу. Общий способ Оплатить Китае – это доставка наложенным платежом (прямой банковский перевод, онлайн – перевод), а для обеспеченных сделок – наложенный платеж.

С распространением Интернета преимущества онлайн – шопинга стали

более заметными, и он уже стал одной из основных форм совершения покупок. Онлайн – шопинг преодолел барьеры традиционного бизнеса, приобрел большую привлекательность и начал оказывать значительное влияние на потребителей, бизнес и рынок. Для продавцов онлайн – продажи имеют такие преимущества как низкая нагрузка на склад, низкие эксплуатационные расходы и неограниченный рабочий масштаб. Среди преимуществ для потребителей – возможность приобретать товары, не выходя из дома, отсутствие ограничений по времени и месту покупки, большой объем информации о товаре и возможность купить товар, недоступный в местных магазинах.

走进上海

Глава 8. Поездка в Шанхай

■ 一、课 文

（一）三人到达上海浦东国际机场

柳诗涵：安菲娅，我们现在已经到上海了。它是中国的经济和金融中心，
　　　　被誉为"东方魔都"。

赵清辉：没错，安菲娅，这次我们来上海可要好好感受上海这座城市的
　　　　魅力。

安菲娅：那我们现在去哪儿呢？

柳诗涵：我们现在乘坐机场的磁悬浮列车去浦东新区，那里离市中心比
　　　　较近。

安菲娅：哇，就是那个几分钟就能走完 30 千米的"超级快车"吗？

赵清辉：没错，上海的磁悬浮列车时速最高达到 430 千米，不到 10 分
　　　　钟，就可以从这里到达浦东新区。

（二）本帮菜

赵清辉：我们今天中午去城隍庙吃正宗的上海小吃。

柳诗涵：上海人偏爱吃甜食，希望安菲娅你能够喜欢。

赵清辉：上海人一般将本地菜肴称为"本帮菜"，口味清淡，别具特色。

安菲娅：中国真是一个神奇的国度，每一个地方都有它独具特色的美食。
　　　　作为一名美食爱好者，我已经深深地爱上了中国。

柳诗涵：看来你和我一样，安菲娅，我的理想就是尝遍中国所有的美食。

安菲娅：它们太具有诱惑力了，我们现在就去上海城隍庙吧。

赵清辉：那我们出发吧。

（三）上海地铁

赵清辉：安菲娅，你乘坐过地铁吗？

安菲娅：当然，在我的家乡，人们也喜欢将地铁作为出行工具。

赵清辉：网络上总结了全球九条最迷人的地铁，其中就包括上海外滩的
　　　　观光隧道。

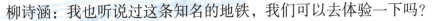

柳诗涵：我也听说过这条知名的地铁，我们可以去体验一下吗？

安菲娅：我也想去体验一下，通过观光隧道我们还可以欣赏到上海的美景呢。

赵清辉：那你可要失望了，安菲娅，隧道是看不见外面的。但是，上海外滩观光隧道里面色彩斑斓，一定也会让你流连忘返的。

柳诗涵：而且，观光隧道连接浦东和外滩，我们可以在两地尽情地购物与享受。

二、拼音课文

（Yī）sān rén dàodá Shànghǎi pǔdōng guójì jīchǎng

Liǔ Shīhán：An Fēiyà, wǒmen xiànzài yǐjīng dào Shànghǎi le。Tā shì Zhōngguó de jīngjì hé jīnróng zhōngxīn, bèi yù wéi "dōngfāngmódū"。

Zhào Qīnghuī：Méicuò, An Fēiyà, zhècì wǒmen lái Shànghǎi kě yào hǎohǎo gǎnshòu Shànghǎi zhèzuò chéngshì de mèilì。

An Fēiyà：Nà wǒmen xiànzài qù nǎr ne？

Liǔ Shīhán：Wǒmen xiànzài chéngzuò jīchǎng de cíxuánfú lièchē qù pǔdōng xīnqū, nàlǐ lí shìzhōngxīn bǐjiào jìn。

An Fēiyà：Wa, jiùshì nàgè jǐfēnzhōng jiùnéng zǒuwán 30 qiānmǐ de "chāojíkuàichē" ma？

Zhào Qīnghuī：Méicuò, Shànghǎi de cíxuánfú lièchē shísù zuìgāo dádào 430 qiānmǐ, bùdào 10 fēnzhōng, jiù kěyǐ cóng zhèlǐ dàodá pǔdōng xīnqū。

（Èr）běnbāngcài

Zhào Qīnghuī：Wǒmen jīntiān zhōngwǔ qù chénghuángmiào chī zhèngzōng de Shànghǎi xiǎochī。

Liǔ Shīhán：Shànghǎirén piānài chī tiánshí, xīwàng An Fēiyà nǐ nénggòu xǐhuān。

Zhào Qīnghuī：Shànghǎirén yībān jiāng běndì càiyáo chēngwéi "běnbāngcài",

kǒuwèi qīngdàn，biéjùtèsè。

An Fēiyà：Zhōngguó zhēnshì yīgè shénqí de guódù，měi yīgè dìfāng dōuyǒu tā dújùtèsè de měishí。Zuòwéi yīmíng měishí àihàozhě，wǒ yǐjīng shēnshēn de àishàngle Zhōngguó。

Liǔ Shīhán：Kànlái nǐ hé wǒ yīyàng，An Fēiyà，wǒ de lǐxiǎng jiùshì cháng biàn Zhōngguó suǒyǒu de měishí。

An Fēiyà：Tāmen tài jùyǒu yòuhuòlì le，wǒmen xiànzài jiù qù Shànghǎi chénghuángmiào ba。

Zhào Qīnghuī：Nà wǒmen chūfā ba。

（Sān）Shànghǎi dìtiě

Zhào Qīnghuī：An Fēiyà，nǐ chéngzuò guò dìtiě ma?

An Fēiyà：Dāngrán，zài wǒ de jiāxiāng，rénmen yě xǐhuān jiāng dìtiě zuòwéi chūxíng gōngjù。

Zhào Qīnghuī：Wǎngluò shàng zǒngjié le quánqiú jiǔ tiáo zuì mírén de dìtiě，qízhōng jiù bāokuò Shànghǎi wàitān de guānguāngsuìdào。

Liǔ Shīhán：Wǒ yě tīngshuō guò zhè tiáo zhīmíng de dìtiě，wǒmen kěyǐ qù tǐyàn yīxià ma?

An Fēiyà：Wǒ yě xiǎng qù tǐyàn yīxià，tōngguò guānguāngsuìdào wǒmen hái kěyǐ xīnshǎng dào Shànghǎi de měijǐng ne。

Zhào Qīnghuī：Nà nǐ kě yào shīwàng le，An Fēiyà，suìdào shì kànbùjiàn wàimiàn de。Dànshì，Shànghǎi wàitān guānguāngsuìdào lǐmiàn sècǎibānlán，yīdìng yě huì ràngnǐ liúliánwàngfǎn de。

Liǔ Shīhán：Érqiě，guānguāngsuìdào liánjiē pǔdōng hé wàitān，wǒmen kěyǐ zài liǎngdì jìnqíng de gòuwù yǔ xiǎngshòu。

三、重点词汇

现在——сейчас
城市——город
近——близкий

我们——мы

所有——все，всё

出发——отправляться

乘坐——ехать（в каком－либо транспорте）

地铁——метро

总结——итог

包括——включать в себя

也——тоже

通过——с помощью

失望——разочаровываться

四、思考与交流

问题 1. 在你的家乡有哪些美食？试着列举几个。

问题 2. 你出门经常采用哪种交通方式？

五、知识拓展

国际大都市——上海

интернациональный мегаполис － Шанхай

上海，简称"沪"或"申"，中华人民共和国直辖市，国家中心城市，国际化大都市，国际经济、金融、贸易、航运、科技创新中心。上海地处长江入海口，是长江经济带的龙头城市。上海港货物吞吐量和集装箱吞吐量均居世界第一，设有中国首个自贸区——中国（上海）自由贸易试验区。上海市与安徽、江苏、浙江共同构成了长江三角洲城市群，是世界六大城市群之一。上海经济、文化、生态、教育、科技等各项事业都发展得很好。

Шанхай － сокращенно"沪"（ху）или"申"（шэн）－ город центрального подчинения КНР, центральный город Китая, интернациональный мегаполис, международный экономический, финансовый, торговый,

судоходный, научно – технический и инновационный центр. Расположенный в устье реки Янцзы, Шанхай является ведущим городом в поясе экономического развития этой реки. Шанхай – первая зона свободной торговли в материковом Китае, шанхайский порт имеет самую высокую пропускную способность в мире. Вместе с провинциями Аньхой, Цзянсу и Чжэцзян Шанхай составляет городскую агломерацию в дельте реки Янцзы, которая является одной из шести крупнейших городских агломераций в мире. В Шанхае очень развиты экономика, культура, экология, образование, наука, техника и другие отрасли.

第九章

再见中国

Глава 9. До свидания, Китай

一、课　文

（一）柳诗涵帮助安菲娅收拾行李

柳诗涵：时间过得真是太快了，一切都仿佛发生在昨天一样。再过三天，你就要回国了。

安菲娅：是啊，我也很舍不得离开你们。

柳诗涵：这个是同学们送给你的礼物，我把它放在你的行李箱里面。以后看到它，你就会想起我们。

安菲娅：我可以打开吗？

柳诗涵：当然可以。

安菲娅：我很喜欢这份礼物。在中国留学的这段时间里，非常感谢大家对我的帮助。

柳诗涵：不用客气，我们都是朋友。赵清辉发消息说，预约的出租车已经在楼下了。我们快下去吧。

（二）赵清辉、柳诗涵在机场送别安菲娅

赵清辉：安菲娅，你的机票取出来了吗？

安菲娅：我刚刚在自动取票口取出来了。

柳诗涵：我们现在到候机大厅等候吧，安菲娅马上要过安检了。

赵清辉：安菲娅，我们会想念你的。以后你有时间一定要回来看看，我们永远欢迎你！

安菲娅：我会的，我的好朋友。沈阳是我的第二故乡，你们是我在沈阳最好的朋友。

柳诗涵：安菲娅，这个航班马上就要安检了，我们只能送你到这里了。

赵清辉：祝你一切顺利，安菲娅。记得常和我们联系。

安菲娅：再见，我的朋友们！再见，中国！

二、拼音课文

（Yī）Liǔ Shīhán bāngzhù Ān Fēiyà shōushi xínglǐ

Liǔ Shīhán：Shíjiān guòde zhēnshì tài kuài le, yīqiè dōu fǎngfú fāshēng zài zuótiān yīyàng。Zài guò sāntiān, nǐ jiùyào huíguó le。

Ān Fēiyà：Shìa, wǒ yě hěn shěbùdé líkāi nǐmen。

Liǔ Shīhán：Zhègè shì tóngxuémen sònggěi nǐ de lǐwù, wǒ bǎ tā fàngzài nǐ de xínglǐxiāng lǐmiàn。Yǐhòu kàndào tā, nǐ jiù huì xiǎngqǐ wǒmen。

Ān Fēiyà：Wǒ kěyǐ dǎkāi ma?

Liǔ Shīhán：Dāngrán kěyǐ。

Ān Fēiyà：Wǒ hěn xǐhuān zhèfèn lǐwù。Zài Zhōngguó liúxué de zhèduàn shíjiān lǐ, fēicháng gǎnxiè dàjiā duì wǒ de bāngzhù。

Liǔ Shīhán：Bù yòng kèqì, wǒmen dōu shì péngyou。Zhào Qīnghuī fā xiāoxi shuō, yùyuē de chūzūchē yǐjīng zài lóuxià le。Wǒmen kuài xiàqù ba。

（Èr）Zhào Qīnghuī、Liǔ Shīhán zài jīchǎng sòngbié Ān Fēiyà

Zhào Qīnghuī：Ān Fēiyà, nǐ de jīpiào qǔ chūlái le ma?

Ān Fēiyà：Wǒ gānggāng zài zìdòng qǔpiàokǒu qǔ chūlái le。

Liǔ Shīhán：Wǒmen xiànzài dào hòujīdàtīng děnghòu ba, Ān Fēiyà mǎshàng yào guò ānjiǎn le。

Zhào Qīnghuī：Ān Fēiyà, wǒmen huì xiǎngniàn nǐ de。Yǐhòu nǐ yǒu shíjiān yīdìng yào huílái kànkan, wǒmen yǒngyuǎn huānyíng nǐ!

Ān Fēiyà：Wǒ huì de, wǒ de hǎo péngyou。Shěnyáng shì wǒ de dìèr gù- xiāng, nǐmen shì wǒ zài Shěnyáng zuì hǎo de péngyou。

Liǔ Shīhán：Ān Fēiyà, zhè gè hángbān mǎshàng jiù yào ānjiǎn le, wǒmen zhǐnéng sòng nǐ dào zhèlǐ le。

Zhào Qīnghuī：Zhù nǐ yīqiè shùnlì, Ān Fēiyà。Jìdé cháng hé wǒmen liánxì。

Ān Fēiyà：Zàijiàn, wǒ de péngyoumen! Zàijiàn, Zhōngguó!

三、重点词汇

帮助——помогать

时间——время

仿佛——похожий

离开——покидать

送别——провожать

刚刚——только только лто

等候——ожидать

搬——переезжать

想念——вспоминать

联系——связываться

四、思考与交流

问题 1. 你去过中国吗？如果有机会去中国，你最想了解什么？

问题 2. 请谈谈学习完本册书后你的感受。

五、知识拓展

为文化交流搭建桥梁——孔子学院

Построить мост для культурного обмена – Институт Конфуция

孔子学院，是中国国家汉语国际推广领导小组办公室在世界各地设立的推广汉语和传播中国文化的机构。孔子学院最重要的一项工作就是给世界各地的汉语学习者提供规范、权威的现代汉语教材，提供最正规、最主要的汉语教学渠道。

截至 2017 年 12 月 10 日，全球已有 146 个国家（地区）建立了 525 所孔子学院和 1113 个中小学孔子课堂。其中，"一带一路"沿线有 53 个国家设立了 140 所孔子学院和 136 个孔子课堂，欧盟 28 国、中东欧 16 国实现全覆盖。

各地孔子学院充分地利用自身优势，开展丰富多彩的教学和文化活动，逐步形成了各具特色的办学模式，成为各国学习汉语言文化、了解当代中国的重要场所，受到当地社会各界的热烈欢迎。

Институт Конфуция – сеть международных культурно – образовательных центров, создаваемых Государственной канцелярией по распространению китайского языка за рубежом Министерства образования КНР. Основная задача Института Конфуция – создание стандартизированных учебных материалов и предоставление регулярных методов обучения для изучающих китайский язык по всему миру.

По состоянию на 10 декабря 2017 года в 146 странах и регионах мира было создано 525 институтов Конфуция и 1111 классов Конфуция в начальных и средних школах. Среди них 140 институтов Конфуция и 136 классов Конфуция в 53 – х странах инициативы «Один пояс – один путь», 28 – и странах ЕС и 16 – и странах центральной и восточной Европы.

Институты Конфуция приветствуется во всем мире как учреждения, в полной мере использующие свои преимущества для проведения различных учебных и культурных мероприятий и постепенно сформировавшие уникальную образовательную модель, позволяющую изучать китайский язык и культуру и понять современный Китай.